PRESENCIA DE OTROS DÍAS

PRESENCIA DE OTROS DÍAS

JUAN MONTES

Número 547 de la Colección VALPARAÍSO DE POESÍA
dirigida por FEDERICO DÍAZ-GRANADOS

Diseño de colección y portada: Chari Nogales

Primera edición: enero de 2026

C/ Fray Leopoldo, 7 bajo, 18014 Granada
www.valparaisoediciones.es

ISBN: 979-13-88007-25-5
Depósito Legal: GR 1847-2025

Impreso en España - *Printed in Spain*
Gráficas Gami

El papel utilizado para la impresión de este libro está calificado como papel ecológico y procede de bosques gestionados de manera sostenible

PRESENCIA DE OTROS DÍAS

a Sofía
y Gabriel

a mis padres

1

Hay un segundo de agua
que viene de lejos,
un oscuro lugar
de inicios y finales.
Te lo digo y me
responDES
que sólo estamos tú y yo,
de casa en casa,
un hombro contra el otro.
Me quedo triste
como un círculo de sillas.

*

2

Qué aullido, qué feroz graznido es ese
que se escucha a lo lejos en el mar.
Qué sonatas, qué baladas, qué rumor,
qué silencio al fin—en esta eternidad.

Todo se siente en esta inmensidad
y nada al fin—aquí quedan sólo
las caricias de una suave brisa,
los augurios del cielo inacabado.

Todo casi se entiende y se palpa
sin pensar apenas—y de repente,
se desvanece todo al vuelo, y nada,
no se escucha nada, sólo el mar
a lo lejos, sereno en su letargo.

Qué solo estoy sin mis pensamientos
aquí en lo alto, solo con el mar,
sin más respuestas que el silencio.

*

3

Paseo con mis sueños por una noche
limpia de cosas, y estas cosas de árboles
y estos árboles de rocas, y las rocas
de montañas
esta noche infinita, infinita
repartido sobre las flores altas.
Pienso que todo está tan abrigado
de negro, de frío, de silencio.
Qué fúnebre ondea el aire,
más allá del agua rezagado,
lejos y escondido.
Qué triste el campo, punzado
de muerte, sin interés en el cielo
ni en la tierra.
Aun así, tengo mis manos
que pueden tocar
una hoja caída al suelo
para decir: “Será una nube”
Ecos serán las voces, las cosas,
el árbol, las rocas
incluso la montaña,
pero los abrazos y las ansias
siempre serán rojos.

*

4

Oscila el tiempo
en sus vibraciones
como un tormento
de estas y otras noches,
como un misterio
y sus variaciones.
Oscila la vida
en sus anejos
entre ideas vivas
y mundos muertos,
pura semilla
de tantos anhelos.
Oscila el tiempo,
como escondido
en feliz contento,
nunca perdido
en su diario empeño,
siempre encendido.
Oscila la vida
sin rumbo ni norte,
de noche y de día
sobre los hombres,
vagando vacía
sin vela ni nombre.

*

5

Si en una palabra
Cabe el pensamiento,
Basta una gota de agua
En vez de tanta lluvia
Y un soplo suave
En vez de tanto aire.
Si en una palabra...

La espuma es el mar en calma
Y el rayo un volcán dormido,
En la triste noche de una mañana.
Si en una palabra...

Rayo. Espuma. Palabra.
En la cueva íntima de un pez
Y en el silencio de un árbol, más allá.
Si en una palabra...

... Basta una gota de agua
En vez de tanta lluvia
Y un soplo suave
En vez de tanto aire...
Es palabra, y un sueño
Si ella fuera la espuma,
El rayo y la palabra.

*

6

¿Hay una noche dentro de la noche?
Pienso que sí: los muros construyen
la música, la tristeza sigue
al pájaro, la flor resiste y no huye.
Si es cierto, entonces la mañana
no viene a descubrir un nuevo día,
ni el invierno, como una palabra,
compra su tiempo frío, blanco y triste:
en verdad acuden a la llamada
armarios con suaves alas de cisne,
jarrones chinos con barro y semillas.
Ni aun yo sería un punto negro,
que vive en el mar entre barcas
misteriosas, ni un difícil bosque
como una rosa sin tallo, nuevo
y feliz de pertenecer a este club.

*

7

Estarse con uno,
en uno y sin uno;
estarse con todos
y a la vez solo:
en ese trance
pasan los pesares
y las buenas cosas
de tantas horas,
de tantas vidas
siempre repetidas,
buscando consuelo
en la tierra y el cielo,
en uno y en todo,
espantado y solo,
ya sea huyendo
o bien volviendo
de un siempre vacío
lleno de ruido.

*

8

En nosotros vive el recuerdo enamorado del tiempo pasado
—y también los deseos intemperantes del mundo imaginado.

Viven como un soplo juvenil hurtado al viento.
Viven como una pluma sin abrazo ni gesto.

Vienen de allá y nos hablan, para volverse a ir.
Vienen y nos miran, para ya de nuevo morir.

En su filo de plata y hueso vivimos asombrados, nosotros,
sin saber nunca del todo si el camino es largo o el destino corto.

*

9

Dime si no es cierto
que esta vida no es más que una,
esperando en vilo su turno incierto
entre naranjales y laudos negros.
Dime si no es cierto
que caen los días como cae la lluvia
en el mismo camino de hierbas crecidas,
que siempre está la tierra húmeda
de empeños y de planetas.

Dime si no es cierto
que se afanan los niños y los viejos
en la misma tarea ingrata
de vivir dolientes junto a la vida,
mordiendo el fruto ya dulce, ya amargo,
sin mirar más allá, en la orilla al barco.
Dime si no es cierto
que campa el tiempo a sus anchas
arrojado por el aire y por las llanuras,
marcando en su reloj de plomo cada paso
de esta vida grande y larga, pero una.

Dime si no es cierto
que hay vidas que pudieron ser
y no fueron, indiferentes
de todo lo bello y todo lo feo
pero no de los hombres, no,
no de esa melena tan blanca tuya

que invoca en sí la negrura,
que confunde la memoria de quien te vio.
Dime si no es cierto
que la vida es una triste contemplación
desolada, apartada de sí misma,
vital y muerta, fanática y muda,
siempre lista, aun si el tiempo
corre a nuestro lado, o quieto se queda.

*

10

En este jardín mío
no hay flores que cortar,
sino el nombre y los aromas
del recuerdo y sus olvidos.

Dejadme con él solo,
sin más que algo de tierra
y mi presente estar,
por si en él nace la flor.

*

11

De este dolor ensimismado,
se puede hacer un hombre.

De esta tristeza vigilada,
se puede hacer un hombre.

De estos recuerdos aplacados,
se puede hacer un hombre.

De estos surcos, de esta soledad,
de esta nostalgia, de este polvo,
se puede hacer un hombre.

De estas cenizas, de estas sombras,
están hechas la luz del día
    y de las entrañas.

*

12

Llegó un día
clavado en una tabla
en que el cielo
estalló en partes
y cada parte cayó en un hombre.
Un día tan presente,
un día tan pasado
como el agua del cántaro
que corre rauda en la mano.
El rayo sintió el hielo,
el árbol alargó sus ramas.
Existió un viento
que describió el lugar
y recordó a los muertos.

Cuando oigo tan terrible canto
le hablo a la noche, me callo
y el sol corre redondo
como un hilo de naranjas.
Y en esta torre, ¿qué veo?
Sigue en pie el árbol, la tarde,
y vuelven con sus mochilas,
lejos, dos vidas amantes.

*

13

Ese mirar tan tuyo
detiene el tiempo
y lo vuelve piedra.
Tiene en un momento
todo el aire del mundo,
todo el pesar del muerto.
Es un párpado apenas
de fuerza y aromas nuevos,
una negra rúbrica,
un sutil movimiento,
un puente entre dos orillas
por los mares y los cielos
en su vuelo recogido.
Vas eterna, con el tiempo
tumbado en tu regazo
y vive en el recuerdo
esa línea curva,
ese fugaz misterio,
y ahí nunca morimos
y no tenemos miedo.

*

14

El círculo rosado es un bloque de hielo y memoria.
¿Dónde están el cuello blanco y los labios de plata fina,
los ojos negros encendidos de chispa, fiesta y noria?
Fue la niña de mi juventud, el brote y la espera del día.
Una voz de campanilla, y el hilo y final de la historia.

En las faldas de la razón, suenan timbales y platillos.
Exigen locura y sombra, fúnebre temblor y pálpito
de un entierro inacabado: recuerdo, tormenta, lluvia
del cabello dorado al viento—una melena de novia.

Se apagó el tiempo, murió la flor con un redoble de tambor.
Fue la niña de mi juventud, el brote y la espera del día.
Pero no tan deprisa, noche, que reservas la piel fría
para el despertar. No tan deprisa, que no hay descanso,
apenas la sola memoria de su gesto enamorado.

*

15

La piedra ya luce lisa y llana
sin fecha ni nombre, ni ya nada
que recuerde los restos que guarda.
Hollaron su tranquila piel blanca
las lluvias y el viento, la luz vasta
que cae del cielo en la mañana,
sin preguntar a nadie, con calma.
Ya no están, se fueron tiempo atrás
la mano que labró la piedra alta,
los hijos que mandaron alzarla,
los amigos y las gentes francas
que ofrecieron su mirada amarga,
su pronto caudal de mar salada,
frente a la piedra, en la luz clara,
con sus sinceras tristezas largas.
Quisieron estos huesos sin llama
espantar la ausencia y la olvidanza,
rememorar y ser añoranza,
que aquí las gentes les dieran alma
y que el tiempo andante los honrara.
Pero no queda en la piedra nada,
no hay ni rastro de signos ni marcas.
De aquel ansia sólo queda ya
esta piedra alta ya lisa y llana.

*

16

La vida que quiero vivir
es un sabor de aceituna en la boca
y un regusto amargo de nueces rotas.

Es un sol grande y redondo en la espalda
y un viento fresco ligero en la cara.

Es un jarrón suave de lirios rojos
y la sombra espesa de un árbol solo.

La vida que quiero vivir
es un camino de tierra apartado
y un pájaro animoso en el tejado.

Es un quehacer solitario con uno
y el descanso diario de hallarse muchos.

Y es mi mano tendida hacia tu rostro
y mi cuerpo desnudo—sin contorno.

*

17

Estas primeras palabras que alumbran la luz del día.
Estos últimos adioses que tornan la sombra en noche.
Este mundo vasto, desconocido, hecho de preguntas.
Del día sigue la noche, y de la luz la penumbra.

Este ir y venir, cada día marchito y renacido.
Este pensar dormido, esta ensoñación de estar vivo.
Este correr y no llegar, sepultado en lo recóndito.

Estas primeras palabras como flor nunca tocada
que viven conmigo, en el ayer y en el mañana.
Estas palabras nuevas, nunca antes dichas ni escritas.

Van por el tiempo oscuro la luz, la sombra y la penumbra,
y sin saludo ni adiós, comienza en mí un nuevo día
    —una nueva noche.

*

18

¡Ay, cuántas risas por acá,
cuántos llantos por allá,
y qué solo me encuentro!

¡Ay, qué bullicio de gentes,
qué jolgorio de voces,
y qué silencio, qué quietud,
qué nada, qué nada!

¡Ay, cuánto baile, cuánto enredo,
cuántas cosas tiene la vida,
y qué apartado se siente uno!

¡Ay, qué solo, qué soledad más
grande en medio de tantas luces,
qué soledad más grande y vacía
que sólo se apaga durmiendo!

¡Ay, cuántas risas por acá,
cuántos llantos por allá,
y qué solo me encuentro!

*

19

En la batalla de la noche
por mis sueños
he abierto la ventana
para oír la calle
y echar las voces de mi casa.
La primavera oscura
o algo vivo
entró en el círculo
como si fuera una mujer
negra y alta
un viento frío en el tejado.
Los ojos y el cerebro
temblaron
en un salto fluorescente
y el bonito perfume
creció nocturno
como una dura concha.
Oigo murmullos
huyen las sombras
sé que sólo de un beso
haría una montaña alta.

*

20

Cuando miro atrás
es como ver encender una cerilla.
Hay un círculo blanco de fuego
donde vive tu sonrisa,
y un espejo en la mirada
que es recuerdo y nada más.

Camino solo y sin prisa
por el túnel negro de tu vientre,
tú, que me llevaste al horizonte
de la noche y el día.
Si me detengo, me quedo a ciegas.
Y si miro atrás,
todo tiene esa luz amarilla.

*

21

La pena de ser,
la alegría de estar.
La pena de haber,
la alegría de pasar.

La pena de saberse,
la alegría de verte.
La pena de pensarse,
la alegría de mirarte.

Juntas ellas en mis días
crecen, con la alegría
y la pena de no ser
y de ya pertenecer.

*

22

He vuelto al lugar
de donde vengo,
al cálido verano
de cielos azules
y olores de mar.

He vuelto a la luz
de aquellos días
donde eras niña,
y aún no sabías
qué traería la vida.

He vuelto a la brisa
dulce y frondosa
de estas veredas,
ahora que se aparta
del mundo el día.

He vuelto al lugar
de donde vengo.
Aquí están las malvas
y los mismos árboles,
pero más crecidos.

Aquí están las montañas
y sus sombras, también
las huellas de antaño,
ya no en este tiempo,
ya no en este mundo.

He vuelto aquí contigo
sin moverme, para
devolver tu semblante
de niña alegre
a mi presente.

*

23

Allí en la mañana
que nos vio nacer,
vive el aura blanca
del amanecer.

Aún vive allí,
inocente y pura,
la joven promesa
de nuestra fortuna.

Lucía ella entonces
como una esperanza,
sólo se propone
ya como una espera.

La luna soturna
quiere hacerse ver,
la esfera nocturna
alumbra otra vez.

Caminamos juntos
tomados del brazo,
cumpliendo el destino
de los pasos dados.

Comprendemos bien:
fuimos una vez
lo que hoy no somos,
habrá lo que hoy no es.

*

24

Tienes el cuerpo
duro
como si no hubiera cielo
y tocáramos siempre la noche.
No hay años ni frutos
ni un árbol que hagamos
hoja.
Tienes el cuerpo duro
y ya amanece.

*

25

¿Dónde estás que no puedo verte
ni hablarte, pero sí te siento cerca?

¿Dónde estás que te imagino vivo
a mi lado, a cada vuelta del camino?

¿Dónde estás que escucho tus pasos
a cada rato, en este silencio debido?

¿Dónde estás que tu mirar castaño
vive, escondido en el árbol lejano?

¿Dónde estás si te siento conmigo
pero no estás, entre todos repartido?

Sigues siendo tú, aunque ya no estás aquí.
No estás aquí ya, quién pudiera verte allá.

*

26

En la puerta de mi casa
vuela solo el colibrí,
junto al ánimo y la espada
de mi ser ensimismado.

Con qué graciosa cadencia
mueve sus alas pequeñas,
con qué grande indiferencia
del aire y la luz eternos.

Lo miro serio y le cuento
mis tristezas y mis rabias.
Él no me mira, ajeno
de todo mi ser entero.

Con qué sencilla alegría
vuela solo el colibrí,
en su tiempo ensimismado
sin verse él ni verme a mí.

*

27

Admirando de la niebla
sus grises facetas,
viene raudo a la mente
el juego perenne
del niño en el vientre,
el orden invencible
que enmudece la boca,
el arco invisible
del sol sobre sus tierras,
que es la aguja en la roca.
Observando en la bruma
el perfil de sus curvas,
desde este banco sentado
surge íntimo y pesado
el pensamiento hambriento
de saberse un hombre
y saberse muerto,
la emoción de sentirse
tenue, inexistente,
en las ondas de sus pliegues.
Van por la espesura
mi mente y sus hechuras,
recorriendo el puente
no siendo más que duda.
Querer ser ahora
y siempre una cosa,
de la niebla sus formas.

Querer cerrarle la boca
al tiempo, y no poder
ni acercarse siquiera.

*

28

Como cada noche solo y en silencio,
sigue la reflexión al sentimiento.
¿Qué hay en las palabras del entendimiento
que conmueve como un presentimiento?

Como queda el firmamento en el pensamiento,
queda la reflexión que sigue al sentimiento.
Como queda la piedra sola en el camino,
y las flores y sus nombres, después de muertos.

*

29

Entre las olas bravas
y el mar en calma,
sin más palabras,
desfilan los recuerdos
de la vida pasada.

El pasado se siente
en el presente,
y no hay palabras,
sino el recuerdo mismo
del pasado vivo.

Ruedan como en un baile
las caras del aire,
por las fisuras
y las llanuras
labrando el día.

Entre lo otro y lo uno
va y viene un murmullo,
que es la vena del mundo
haciéndose pasado
en el presente.

*

30

Una pálida, cegadora sombra
acecha por el umbral de tu cuerpo.
Lo busca, lo tienta y no se detiene.

Ingrávida, te giras y te vuelves
en una dulce levedad, oculta.
Remonta tus líneas curvas, presente.

Sientes elevarse tu piel ligera
con más caricias tiernas, a la espera.
Ruedan tus cabellos, vuela tu mente.

Está en tus penas blancas y en tu vientre,
ronda tu mirar y tus manos tenues.
Desaparece tu cuerpo, ya es uno.

*

31

Cuánto hay que caminar para quedarse quieto.
Cuánto hay que trabajar para estarse uno solo.
Cuánto hay que hablar para poder callar al fin.
Cuánto hay que vivir, cuánto hay que pensar y soñar
para sentarse solo en la soledad de uno.

Qué tristes frutos, qué solitarios pesares,
qué fiesta de uno, qué jaleo sin nadie más.
Cuánto hay que olvidar para sentirse uno, libre,
cuánto hay que recordar para caminar, otra vez,
en este ardor sin fin de idas y venidas.

*

32

En los días antiguos
está la pureza
del porvenir exiguo.

Que no nos digan unos
que lo antes vivido
perdura ayuno y crudo.

Que no nos hablen muchos
de una vida cierta
sin memoria ni pulso.

Del devenir oculto
persisten los ojos
en lo viejo y lo mudo.

*

33

Del hombre sus lamentos
nadie nunca puede oírlos,
ni la luna en sus paseos
ni el sol en su retiro.

Nadie nunca puede oírlos
sino el eco de las voces,
contándose a sí mismo
los lamentos de este hombre.

Sólo la palabra queda
para encontrar consuelo,
sólo estas palabras quedan
para remontar el vuelo.

Sólo en la palabra vive
el naranja verdor
de pensar y escribir
aureolas de fuego.

*

34

Un paso más en esta senda vivida
son hojas secas y barrunto de estrellas.
Un paso decidido en la misma senda,
sin otro testigo que las penas propias.
¿Quiénes fuimos entonces
que ya no somos más?

Un paso más repetido en esta senda
antigua pero negramente soñada,
dando otro paso adelante sin más alma,
sentido por la noche, abrazado en ella.

Un paso más al frente solo, siguiendo
mi camino arrobado en el aire estrecho,
sin ninguno más, ni tú ni nadie ni yo
andando sin pisar, apenas dispuesto.

Un paso más, invadido en tanta noche.
¿Quiénes fuimos entonces
que ya no somos más?

*

35

A veces presiento una ola
donde soy feliz,
pero choca y rompe
en un solo momento.
Si ese mar tuviera sombra,
querría vivir como una flor,
creciendo siempre hacia arriba
—y qué violetas amaría
en mi jardín humano.

*

36

Un ardor silencioso, un misterio conocido
una acechanza sin rostro ni cuerpo
un soplo en la espalda, un ademán vacío
una sombra fugitiva que apaga la vela
un reloj hueco, una hoja seca, un espejo
una huella espumosa en la arena
un hilo invisible, un fantasma en la alcoba
una mano acuciante, un río pasajero
un devenir, un sentir del pasado en el ahora
una lluvia que lo empapa todo y respira
un porvenir que saluda y no se detiene
una añoranza, un sendero remoto, una vida
un torrente que gira y rueda en la nostalgia
una contemplación, un silencio breve
un infinito discurrir del llanto a la alegría
una ensoñación de estar vivo y ser hombre
un hacerse y deshacerse paso a paso
una duda eterna que sólo el tiempo conoce.

*

37

El mundo ya ido y nunca vivido
pensado pero no visto ni oído
vuelve siempre como un hambre con filo
se aparece en una bruma de olvido
es nuevo y real, algo nunca dicho
pero presente y ahora, como vivo.

Respira, habla, camina, es un murmullo
perpetuo, un repicar de campanas
que se siente duro en las entrañas.
Vivimos con él un diálogo mudo
ahí está de pie en la fresca mañana
nos mira, desaparece y vuelve a nacer.

Es un mundo de orígenes remotos
que brota dentro de uno, manantial
de vida pero presencia desconocida.
Siente, ama, piensa, desea, palpita.
Intentas saludarlo, y oculta el rostro
apenas lo llamas, se vuelve y se va.

*

38

Al alba llega la tierra
con su manto de ansias puras
y un rastro de nubes viejas.

Se ciñe la tierra su manto
de agua clara y luces nuevas.
De trazas verdes y azuladas,
prepara la tierra sus flechas.

Grita el hombre en el balcón,
canta el niño con voz serena
—no de pena sino de asombro.

Al alba llega la tierra
fraguando una vida entera.
Mudos, todos se preguntan
por el viaje, por la espera.

*

39

Muchas mujeres embarazadas
llenan tarros de miel, y de noche
cogen una silla y ven una rosa.
Ocurre que sus cuerpos cuelgan mil
trapecios y mueven en círculos
el sombrero de copa y la paloma
blanca, cazan al bello elefante
con su amazona y sus juguetes,
miman y acunan de madrugada
el sueño que llevan en el vientre.
Mi sueño en cambio es flotante
como una gelatina en mi cabeza.
¿Dónde está entonces su cuerpo
que ha crecido y tiene forma?
Vive con su misteriosa madre
y en cada pirueta, en cada salto,
su corazón late como un reloj,
tan rápido que dentro hay un bebé,
un vestido de niña y una mujer.

*

40

En este comienzo muere el día.
En este final nace la noche.
Con su alegría y su vejez sombrías,
van juntos por el camino del cielo
dejando una estela de agua y vino.

Flotan como lámparas sonámbulas
por el aire añil, sin mancha ni muda,
este sol bermejo, esta luna erguida
—esta vida soñada, esta vida vivida—
en un lejano vaivén de juego y tumba.

*

41

Vuelve el rumor de tus andares ligeros,
anudado al hilo de mis pensamientos.

Vuelve el calor de tus miradas sencillas,
hundido en las aguas pasadas y ya idas.

Vuelve el pudor de tus abrazos calmosos,
cosido a mis memorias en su abandono.

Vuelve el clamor de tus palabras sentidas,
hincado en impresiones de muchos días.

Y vuelve el fervor de tus labios queridos,
aún vivos en un perpetuo delirio.

*

42

Mirarte, sentirte, tocarte,
verte siendo tú contigo, sola,
mientras te tocas y te sientes.
Alegre, te ríes y te sonríes,
tu cuerpo mudo, tu mente inerte.
Vas libre, pasajera, sin moverte
y yo te sigo en tu camino, feliz,
porque te miro, te siento y te toco.

*

43

En tu tierna infancia, eres
mi dulce querer, mi suave deseo,
mi verdad certera del presente.

En tu candor sereno, eres
mi quietud diaria, mi espera de noche,
mi vivencia grande, llena, candente.

Qué más, sino encontrarnos en tu infancia,
estar juntos en tu frágil estancia.

Qué más, sino confiarnos de ser uno,
el uno con el otro, los dos en este mundo.

Qué más, sino verte crecer siendo feliz
como el sol ve crecer los frutos del maíz.

*

44

¿Qué tristeza tienes que me encoge el corazón,
que me achica la memoria y los adentros?

¿Qué tristeza tienes que me busca y me sigue,
en el extraño silencio de estos días lentos?

¿Qué lágrimas son esas que secan tu risa
y tus andares, que borran tu rostro y tu habla?

¿Qué mirar perdido es ese que te rodea
y te acompaña, que te ahoga y te condena?

Si yo pudiera esta tristeza te quitaba,
    niño mío,
esta tristeza te quitaba si yo pudiera.

Guárdate tú de todo, niño mío,
que yo me guardaré mis lágrimas.

*

45

Cómo pasan las horas, los días y los años
como pasa una feria de luces titilantes.

En un haz de luz pasa la vida a la vera del tiempo,
como pasa por pasar un paseante por delante.

Qué bonito sería volver a vernos otra vez,
reencontrarnos de una vez allá donde sea.
Quizá podría ser para siempre esta vez,
como si nunca hubiera habido un después.

Cómo pasan estos suspiros largos, estos cortos sueños
como pasan estos pesares, estas dudas, estos anhelos,
más pasajeros que las nubes del cielo
como si por decir pasaran por pasar.

*

46

Ya recién se escucha la música
del agua grande sobre los campos.
Ya en abril llegan las lluvias
como un espejo de otros años.

¿Qué tienen estas gotas verdes
que miran con ojos huecos?
Tiempo y vida plena, tiempo y muerte.
Ya en el agua nacen, ya mueren.

*

47

Apenas lejos
una lumbre sola
sin más tacha
que la luz misma
sin más timbre
que el aire mismo
recorre la piel
la calle entera
siguiendo al cielo.
Trepa a veces
sobre las cabezas
fulgorosa
a veces se oculta
en la arena
sin más brillo.
Lateral
oblicua
pensante.
Se siente aprendida
y se aleja.
Se siente ignorada
y se acerca.
Como la duda
llena, silenciosa
de esta vida,
en la misma luz.

*

48

Otra vida parecen estas palabras
que han sido recuerdos, búsqueda amarga.
Recuerdos como círculos dentados,
remembranza tardía, reminiscencia
de un viento antiguo, quizá ya olvidado.

Son palabras que dan vida al pasado
como la tierra da sentido al árbol.
Sin ellas, vuela el pájaro sin fantasía,
la fruta se hace agua y no sabe a nada
y el beso ahí se queda, en la memoria.

Otra vida es ésta, una nueva alegría
secreta, oculta, de todas las cosas mismas.
Otra vida es ésta, hecha de palabras.
Ganan un suspiro y una forma nueva,
ganan una nueva voz, otra vida.

*

49

Andares que resuenan en el espejo.
Miradas que se avivan en un reflejo.
Columnas que bailan al son del reloj.

Es el tiempo, que todo lo trae
y lo vuelve, deshaciendo lo hecho.
Verlo vivir es vernos morir.

*

50

Cuando contemplo lo innombrable,
soy un hombre y el pájaro inalcanzable.
Furioso de día, apaciguado;
de noche sereno, apasionado.
Se siente ya pequeño, ya grande:
un sentir de todo sin que pase.
Está en todas partes, a veces
en el vacío misterio de un pez
en el alto árbol que busca el cielo
en la pura encarnación de un gesto.
Se inflama la mente, se hace grande
la tierra, pasa todo sin que pase.
Y al fin ahí está todo en su lugar
como la tarde, un paseo hasta el mar
caminando, ni vivo ni muerto.
Y el mar inexpugnable, desierto.

*

ÍNDICE

Hay un segundo de agua....11
Qué aullido, qué feroz graznido es ese....12
Paseo con mis sueños por una noche....13
Oscila el tiempo....14
Si en una palabra....15
¿Hay una noche dentro de la noche....16
Estarse con uno....17
En nosotros vive el recuerdo enamorado del tiempo pasado....18
Dime si no es cierto....19
En este jardín mío....21
De este dolor ensimismado....22
Llegó un día....23
Ese mirar tan tuyo....24
El círculo rosado es un bloque de hielo y memoria....25
La piedra ya luce lisa y llana....26
La vida que quiero vivir....27
Estas primeras palabras que alumbran la luz del día....28
¡Ay, cuántas risas por acá....29
En la batalla de la noche....30
Cuando miro atrás....31
La pena de ser....32
He vuelto al lugar....33
Allí en la mañana....35
Tienes el cuerpo....36
¿Dónde estás que no puedo verte....37
En la puerta de mi casa....38
Admirando de la niebla....39
Como cada noche solo y en silencio....41

Entre las olas bravas..................42
Una pálida, cegadora sombra..................43
Cuánto hay que caminar para quedarse quieto..................44
En los días antiguos..................45
Del hombre sus lamentos..................46
Un paso más en esta senda vivida..................47
A veces presiento una ola..................48
Un ardor silencioso, un misterio conocido..................49
El mundo ya ido y nunca vivido..................50
Al alba llega la tierra..................51
Muchas mujeres embarazadas..................52
En este comienzo muere el día..................53
Vuelve el rumor de tus andares ligeros..................54
Mirarte, sentirte, tocarte..................55
En tu tierna infancia, eres..................56
¿Qué tristeza tienes que me encoge el corazón..................57
Cómo pasan las horas, los días y los años..................58
Ya recién se escucha la música..................59
Apenas lejos..................60
Otra vida parecen estas palabras..................61
Andares que resuenan en el espejo..................62
Cuando contemplo lo innombrable..................63